कविता और शायरी VOL 2

श्रीराज मेनन

Copyright © Shreeraj Menon
All Rights Reserved.

ISBN 979-888530551-8

This book has been published with all efforts taken to make the material error-free after the consent of the author. However, the author and the publisher do not assume and hereby disclaim any liability to any party for any loss, damage, or disruption caused by errors or omissions, whether such errors or omissions result from negligence, accident, or any other cause.

While every effort has been made to avoid any mistake or omission, this publication is being sold on the condition and understanding that neither the author nor the publishers or printers would be liable in any manner to any person by reason of any mistake or omission in this publication or for any action taken or omitted to be taken or advice rendered or accepted on the basis of this work. For any defect in printing or binding the publishers will be liable only to replace the defective copy by another copy of this work then available.

क्रम-सूची

क्रम-सूची

क्रम-सूची

भूमिका

पुस्तक में लेखक द्वारा लिखित हिंदी कविताएँ और शायरी शामिल हैं। इसमें कविताएं, शायरी और प्रेरणादायक उद्धरण शामिल हैं।

इस पुस्तक में लेखक द्वारा लिखी गई कुछ कविताएँ और शायरियाँ हैं जो प्रेम, प्रकृति और जीवन के सामान्य दैनिक पहलुओं पर आधारित हैं। कुछ प्रेरक प्रसंग भी हैं। प्यार में पाया गया प्यार, खोया हुआ प्यार और फिर से जगा हुआ प्यार शामिल है। इसी तरह, प्रकृति में प्रकृति का महत्व है और लोग बिना किसी दुष्प्रभाव के प्रकृति का अपने फायदे के लिए दुरुपयोग करते हैं। सामान्य में जीवन के सामान्य पहलू होते हैं जो लोगों और परिवेश के साथ चलते हैं।

पावती (स्वीकृति)

मैं अपने उन दोस्तों को धन्यवाद देना चाहता हूं जिन्होंने मुझे कविताएं और शायरी लिखने के लिए प्रेरित किया, जिसे मैं कहता था और भूल जाता था। मैं Your Quote प्लेटफॉर्म और उसके सभी सदस्यों और समूहों को भी धन्यवाद देना चाहता हूँ जिन्होंने मुझे अनुमति दी और मुझे इसके मंच पर अपनी सामग्री लिखने के लिए प्रेरित किया। मैं नोशन प्रेस और उसके सभी सदस्यों को भी धन्यवाद देना चाहता हूँ जिन्होंने मुझे अपनी सामग्री को अपने मंच और समय-समय पर मार्गदर्शन के माध्यम से प्रकाशित करने की अनुमति दी, जो उन्होंने मुझे मेरी त्रुटियों को ठीक करने के लिए दिया।

1. खिलखिलाकर हँसो तो ज़रा

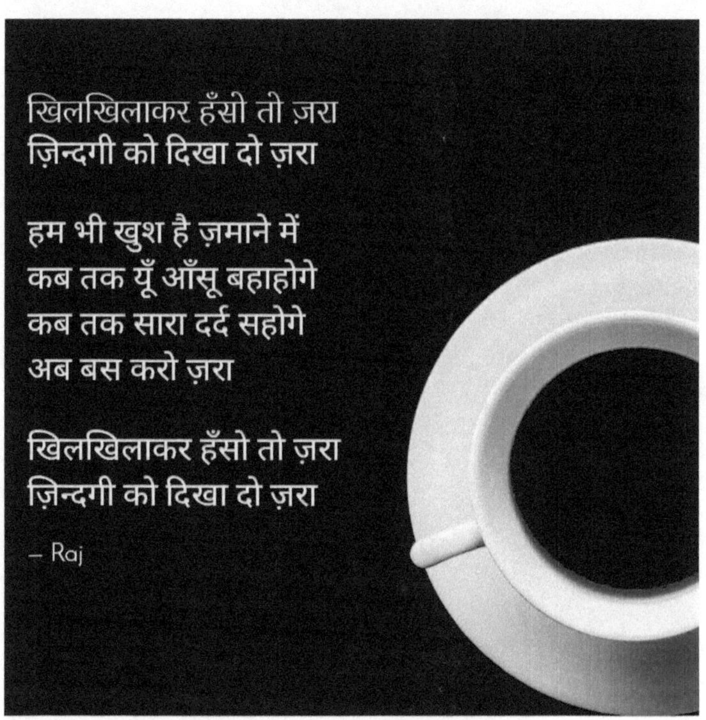

खिलखिलाकर हँसो तो ज़रा
ज़िन्दगी को दिखा दो ज़रा

हम भी खुश है ज़माने में
कब तक यूँ आँसू बहाहोगे
कब तक सारा दर्द सहोगे
अब बस करो ज़रा

खिलखिलाकर हँसो तो ज़रा
ज़िन्दगी को दिखा दो ज़रा

– Raj

Enter Caption

2. कुछ हरकते ऐसे होते है

अर्ज़ कुछ यूँ किया है ज़रा गौर फरमाइयेगा

कुछ हरकते ऐसे होते है जिसे बयान कर पाना मुश्किल
होता है
कुछ हरकते ऐसे होते है जिसे बयान कर पाना मुश्किल
होता है
और हरकते ना हो तो जीना मुश्किल हो जाता है

– Raj

Enter Caption

3. दुनिया कहती है हमें

अर्ज़ कुछ यूँ किया है ज़रा गौर फरमाइयेगा

दुनिया कहती है हमें कुछ इस तरह से की वो पागल है
दुनिया कहती है हमें कुछ इस तरह से की वो पागल है
पर वो क्या जाने पागलपन क्या होती हैं

– Raj

Enter Caption

4. सदा बेहतर होता है

सदा बेहतर होता है
जीवन को प्रेम की आँखों से देखना

यहाँ गलतियाँ भी होगी और
गलत भी समझा जायेगा
यहाँ तारीफे भी होगी और
खोसा भी जायेगा
जो इंसान कपट और चाल
से मुक्त हुआ हो उसके जीवन
में अंधेरा कभी नहीं होता

सदा बेहतर होता है
जीवन को प्रेम की आँखों से देखना

– Raj

Enter Caption

5. चाँद जाने कहाँ खो गया

अर्ज़ कुछ यूँ किया है ज़रा गौर फरमाइयेगा

चाँद जाने कहाँ खो गया.........
चाँद जाने कहाँ खो गया.........
सुबह शाम ढूंढ कर परेशान हो गया
भूल गया था रात में दिकते हैं
भूल गया था रात में दिकते हैं
सुबह शाम ढूंढ कर परेशान हो गया

– Raj

Enter Caption

6. तुम्हारे हाथों की गर्मी

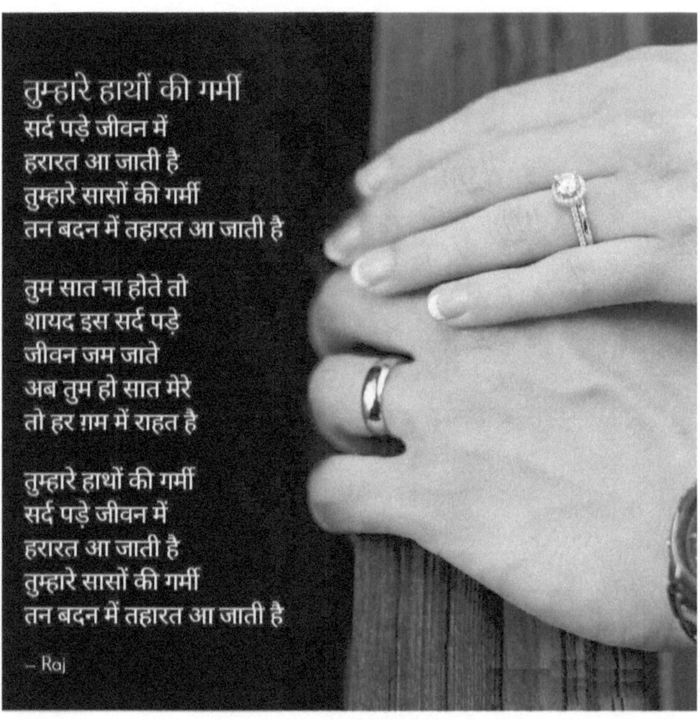

तुम्हारे हाथों की गर्मी
सर्द पड़े जीवन में
हरारत आ जाती है
तुम्हारे सासों की गर्मी
तन बदन में तहारत आ जाती है

तुम सात ना होते तो
शायद इस सर्द पड़े
जीवन जम जाते
अब तुम हो सात मेरे
तो हर ग़म में राहत है

तुम्हारे हाथों की गर्मी
सर्द पड़े जीवन में
हरारत आ जाती है
तुम्हारे सासों की गर्मी
तन बदन में तहारत आ जाती है

– Raj

Enter Caption

7. तेरी यादों के सहारे

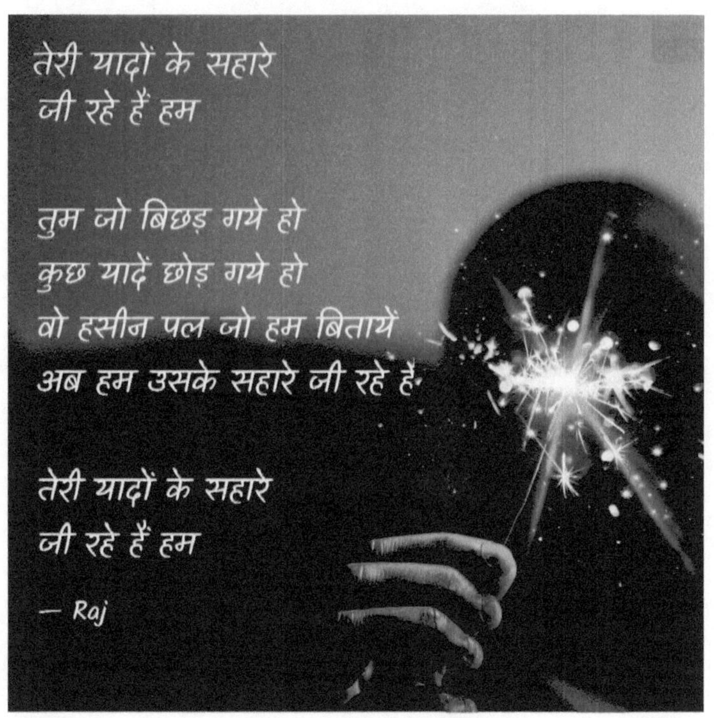

तेरी यादों के सहारे
जी रहे हैं हम

तुम जो बिछड़ गये हो
कुछ यादें छोड़ गये हो
वो हसीन पल जो हम बितायें
अब हम उसके सहारे जी रहे है

तेरी यादों के सहारे
जी रहे हैं हम

— Raj

Enter Caption

8. जन्म जन्मान्तर

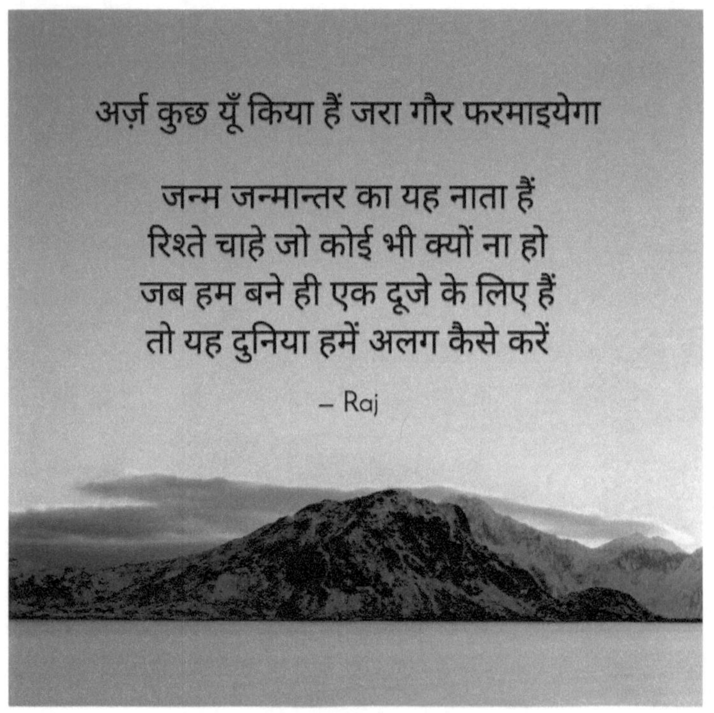

अर्ज़ कुछ यूँ किया हैं जरा गौर फरमाइयेगा

जन्म जन्मान्तर का यह नाता हैं
रिश्ते चाहे जो कोई भी क्यों ना हो
जब हम बने ही एक दूजे के लिए हैं
तो यह दुनिया हमें अलग कैसे करें

– Raj

Enter Caption

9. प्यार कहा नहीं जाता

प्यार कहा नहीं जाता उसे महसूस किया जाता है।
और वो प्यार जो महसूस नहीं होता और कहा जाता है,
वो प्यार - प्यार नहीं होता।

– Raj

Enter Caption

10. समाधान हर मुश्किल का

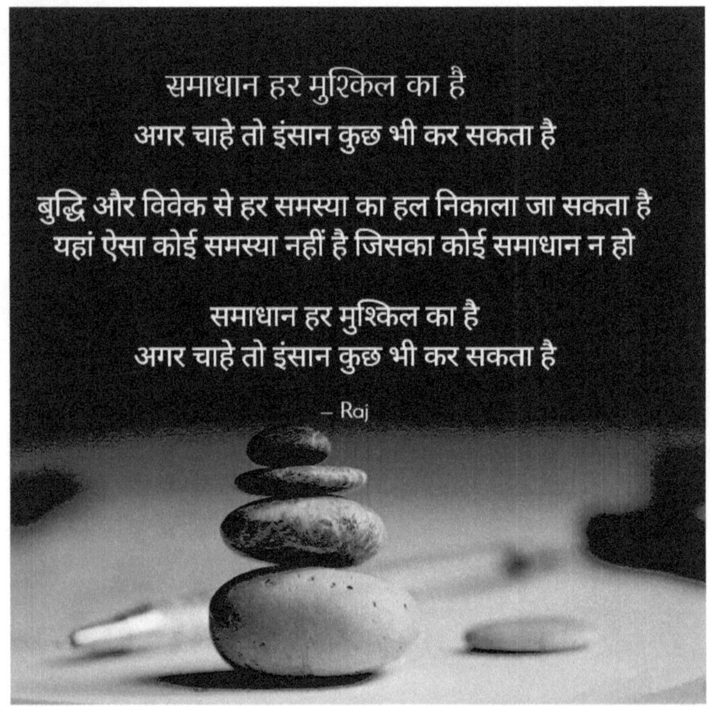

समाधान हर मुश्किल का है
अगर चाहे तो इंसान कुछ भी कर सकता है

बुद्धि और विवेक से हर समस्या का हल निकाला जा सकता है
यहां ऐसा कोई समस्या नहीं है जिसका कोई समाधान न हो

समाधान हर मुश्किल का है
अगर चाहे तो इंसान कुछ भी कर सकता है

– Raj

Enter Caption

11. अर्थहीन दुनिया लगती है

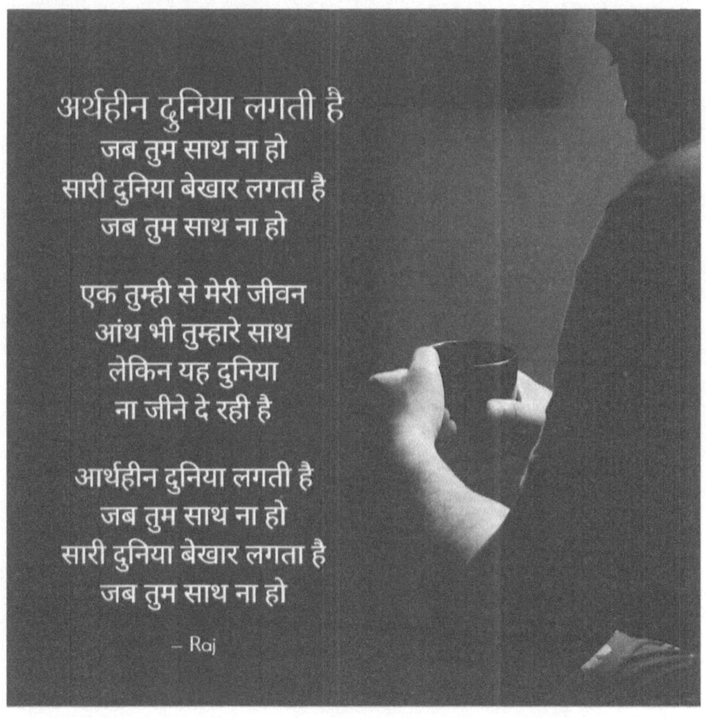

अर्थहीन दुनिया लगती है
जब तुम साथ ना हो
सारी दुनिया बेखार लगता है
जब तुम साथ ना हो

एक तुम्ही से मेरी जीवन
आंथ भी तुम्हारे साथ
लेकिन यह दुनिया
ना जीने दे रही है

आर्थहीन दुनिया लगती है
जब तुम साथ ना हो
सारी दुनिया बेखार लगता है
जब तुम साथ ना हो

— Raj

Enter Caption

12. चन्द्रमा की तरह

चन्द्रमा की तरह
रुख बदलता है प्रेम

कभी कुछ ज्यादा
तो कभी कम
फिर भी प्रेम है
यह कैसे समझाऊं मै

चन्द्रमा की तरह
रुख बदलता है प्रेम

– Raj

Enter Caption

13. चांदी की दीवार

अर्ज़ कुछ यूं किया है जरा गौर फरमाइएगा

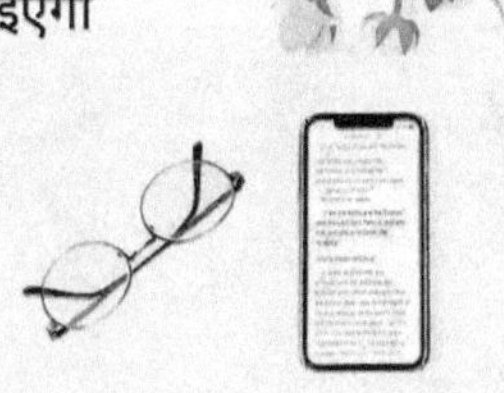

चांदी की दीवार ना तोडी
सोने का दीवार भी ना तोडा
बस तोडा भी तो क्या
प्यार भरा दिल ही तोड दिया

यही है ज़माने का दस्तूर
वो सच्छा प्यार को नहीं समझते
या फिर समझना नहीं चाहते
बस हर बात को रुपयों के तराजु में तोलते
और ज़माने की चका चौंद में खो जाते

चांदी की दीवार ना तोडी
सोने का दीवार भी ना तोडा
बस तोडा भी तो क्या
प्यार भरा दिल ही तोड दिया

— Raj

Enter Caption

14. अधूरी ख्वाहिशों के नाम

अधूरी ख़्वाहिशों के नाम
आज की श्याम

ख्वाहिशें बहुत थी इस दिल की
जिसकी हमने कब्र खोद रखी है
दफना दिया वो सारी खुशियां जो
हमारे तकदीर में नहीं है

यु्ं तो हजारों ज़ख्म खाये है
इस कम्बख्त दिल ने
फिर भी मुस्कुराते रहा
जैसे कुछ हुआ ही नहीं है

अधूरी ख्वाहिशों के नाम
आज की श्याम

– Raj

Enter Caption

15. चाहत जितनी गहरी हो

एक कविता पेश कर रहा हूँ ज़रा गौर फरमाइयेगा

चाहत जितनी गहरी हो
जुदा हो पाना मुश्किल है
समझा रहा हूँ दिल को अपने
जो बीत गया सो बीत गया
अभी आने वाला पल बाकि है

ढूंढ रहा हूँ उस नाज़नीन को
जो बने मेरा हमसफ़र
जीवन भर का साथ हो
और डंका पीटे शहर शहर

सुख दुःख में साथ निभाए
और प्यार करें दिन रात
जब गिर पड़े तो संभाल ले
ऐसा हो जिसका साथ

प्यार से भरा हो जीवन हमारा
जिसका मिसाल करें यह दुनिया
और दो बूँद आँसू बहाये
जब निकल पड़े मेरा जनाज़ा

– Raj

Enter Caption

16. नए नए ख़्वाबों के दिन

नए नए ख़्वाबों के दिन हैं
नया मौसम, नई रंगत
नई दुनिया, नई चाहत

वही लोग, वही दस्तूर
वही फसाना, वही चित्र
नए है तो बस कोरोना है
ख़्वाब है तो कोरोना का जाना है
फिर से वोही पुराने दिन के लौट कर आना है

ये नए नए ख़्वाबों के दिन है
नया मौसम, नई रंगत
नई दुनिया, नई चाहत

– Raj

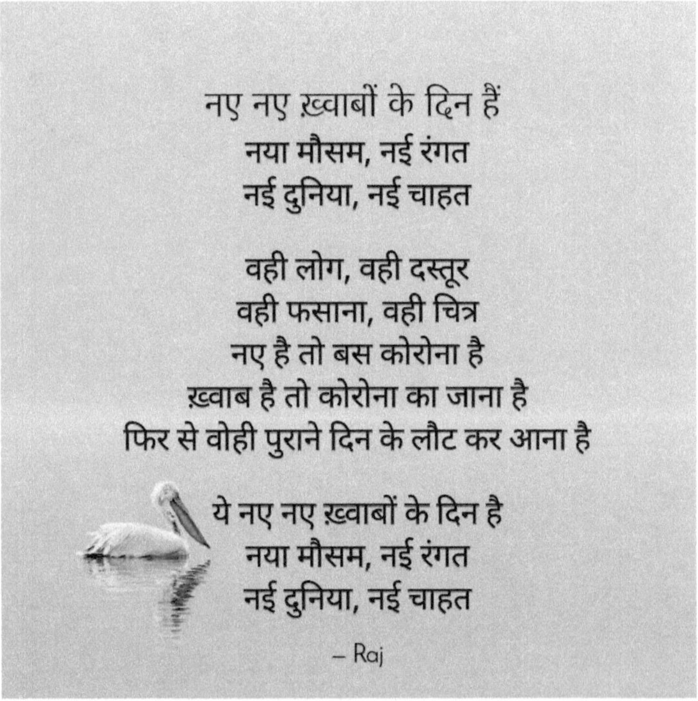

Enter Caption

17. नई ज़िंदगी की तलाश

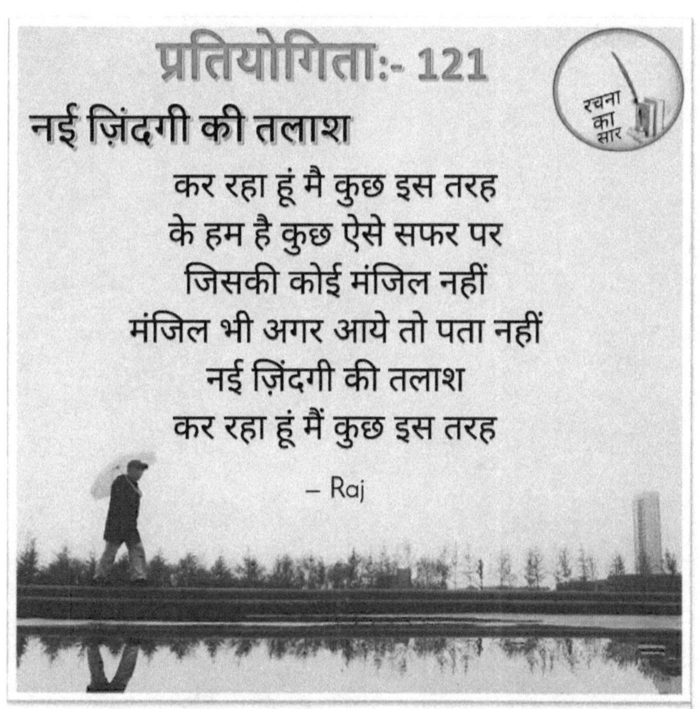

प्रतियोगिताः- 121
नई ज़िंदगी की तलाश
कर रहा हूं मै कुछ इस तरह
के हम है कुछ ऐसे सफर पर
जिसकी कोई मंजिल नहीं
मंजिल भी अगर आये तो पता नहीं
नई ज़िंदगी की तलाश
कर रहा हूं मैं कुछ इस तरह
– Raj

Enter Caption

18. दुनिया में अकेला

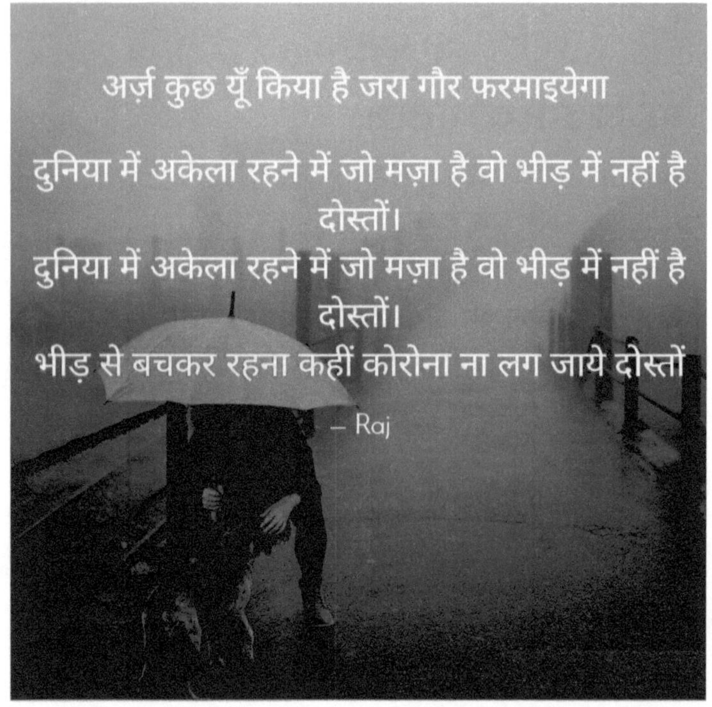

अर्ज़ कुछ यूँ किया है जरा गौर फरमाइयेगा

दुनिया में अकेला रहने में जो मज़ा है वो भीड़ में नहीं है दोस्तों।
दुनिया में अकेला रहने में जो मज़ा है वो भीड़ में नहीं है दोस्तों।
भीड़ से बचकर रहना कहीं कोरोना ना लग जाये दोस्तों

– Raj

Enter Caption

19. शाम की उदासी में

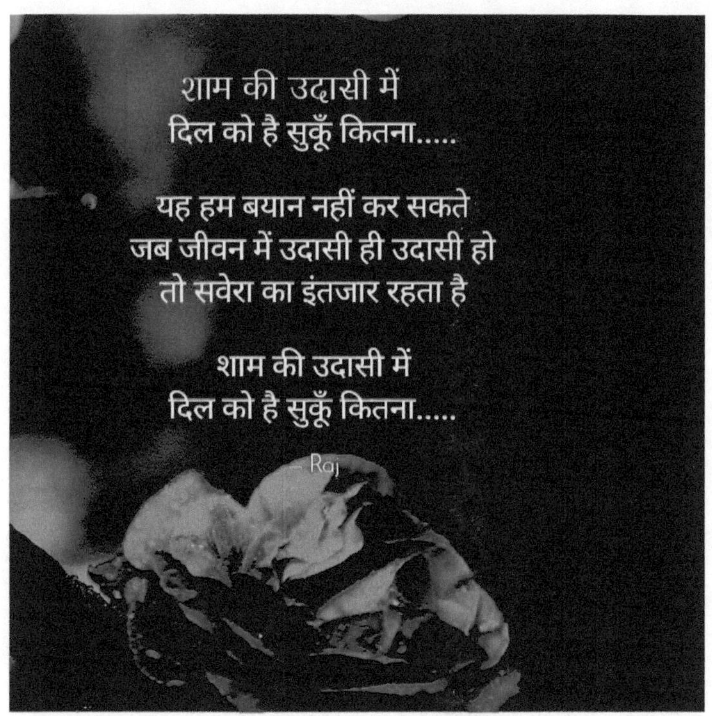

शाम की उदासी में
दिल को है सुकूँ कितना.....

यह हम बयान नहीं कर सकते
जब जीवन में उदासी ही उदासी हो
तो सवेरा का इंतजार रहता है

शाम की उदासी में
दिल को है सुकूँ कितना.....
— Raj

Enter Caption

20. आँखों का पानी सुख गया

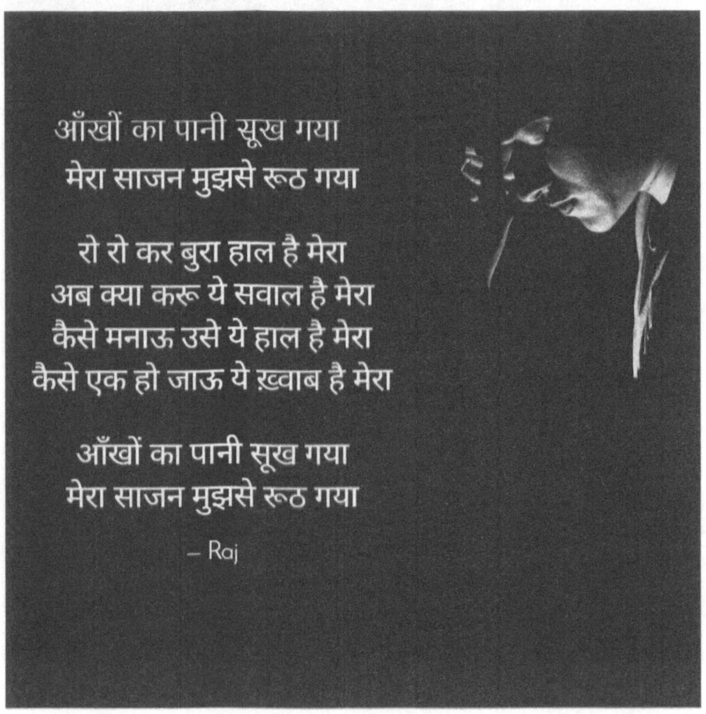

आँखों का पानी सूख गया
मेरा साजन मुझसे रूठ गया

रो रो कर बुरा हाल है मेरा
अब क्या करू ये सवाल है मेरा
कैसे मनाऊ उसे ये हाल है मेरा
कैसे एक हो जाऊ ये ख़्वाब है मेरा

आँखों का पानी सूख गया
मेरा साजन मुझसें रूठ गया
– Raj

Enter Caption

21. दूसरों का सहारा बनो

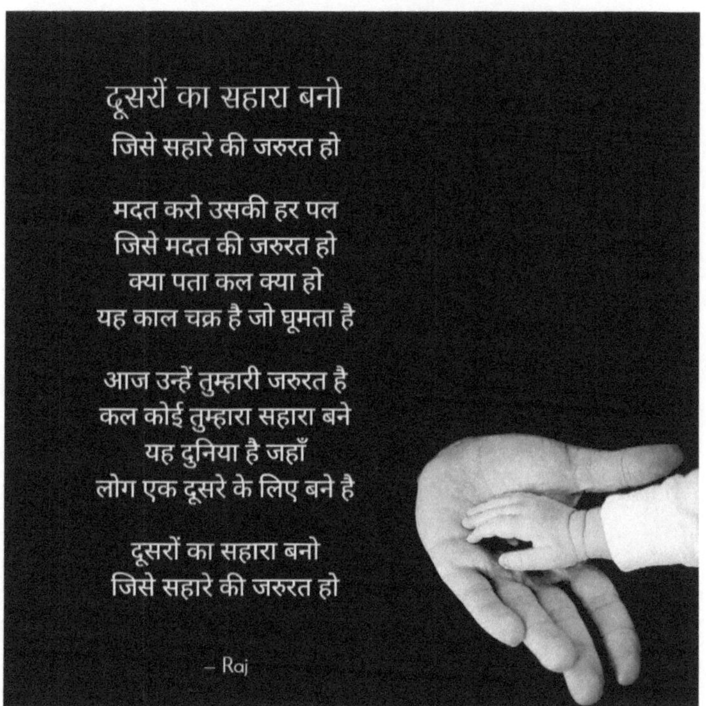

दूसरों का सहारा बनो
जिसे सहारे की जरुरत हो

मदत करो उसकी हर पल
जिसे मदत की जरुरत हो
क्या पता कल क्या हो
यह काल चक्र है जो घूमता है

आज उन्हें तुम्हारी जरुरत है
कल कोई तुम्हारा सहारा बने
यह दुनिया है जहाँ
लोग एक दूसरे के लिए बने है

दूसरों का सहारा बनो
जिसे सहारे की जरुरत हो

– Raj

Enter Caption

22. वो रास्ता

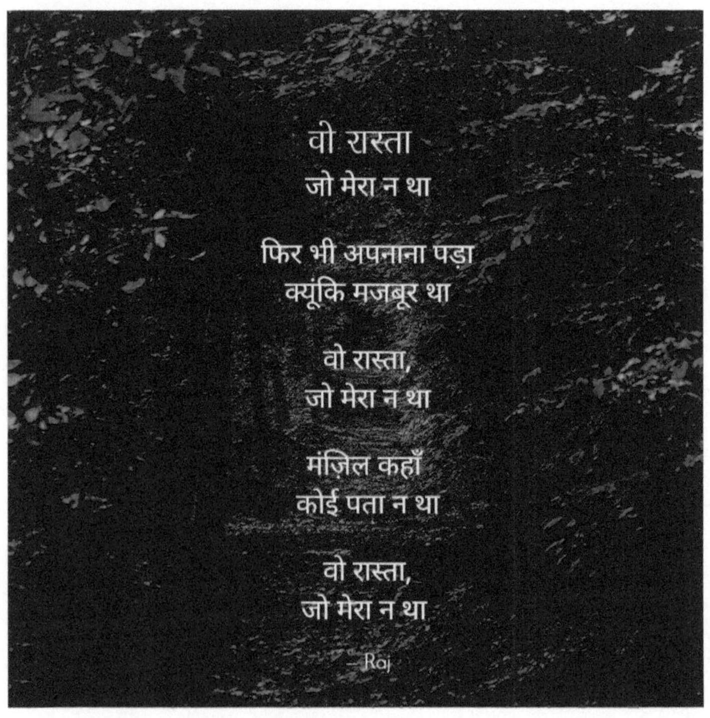

वो रास्ता
जो मेरा न था

फिर भी अपनाना पड़ा
क्यूंकि मजबूर था

वो रास्ता,
जो मेरा न था

मंज़िल कहाँ
कोई पता न था

वो रास्ता,
जो मेरा न था

— Raj

Enter Caption

23. मनवा बेपरवाह

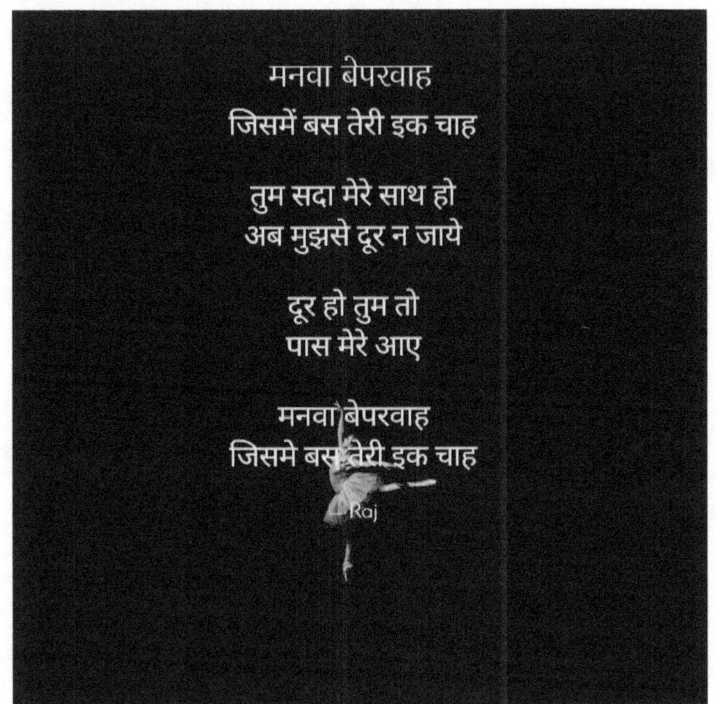

मनवा बेपरवाह
जिसमें बस तेरी इक चाह

तुम सदा मेरे साथ हो
अब मुझसे दूर न जाये

दूर हो तुम तो
पास मेरे आए

मनवा बेपरवाह
जिसमे बस तेरी इक चाह
Raj

Enter Caption

24. जीवन प्यार का गीत

जीवन प्यार का गीत
यह साँसो का संगीत
तुम धड़कनो का गीत
जीवन का तुम संगीत

यह गीत है जीवन का
सुर और संगीत का
सुरीला हो या बेसुरा
जिसे सबको है गाना

जीवन प्यार का गीत,
यह साँसों का संगीत
तुम धड़कनो का गीत
जीवन का तुम संगीत

— Raj

Enter Caption

25. इक पल जो हाथ से

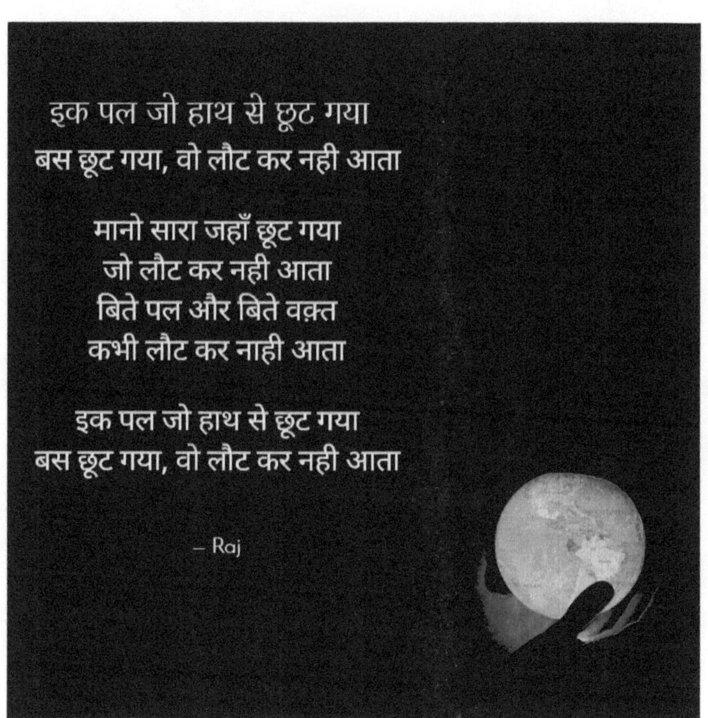

इक पल जो हाथ से छूट गया
बस छूट गया, वो लौट कर नही आता

मानो सारा जहाँ छूट गया
जो लौट कर नही आता
बिते पल और बिते वक़्त
कभी लौट कर नाही आता

इक पल जो हाथ से छूट गया
बस छूट गया, वो लौट कर नही आता

– Raj

Enter Caption

26. वक़्त नहीं गुज़रता

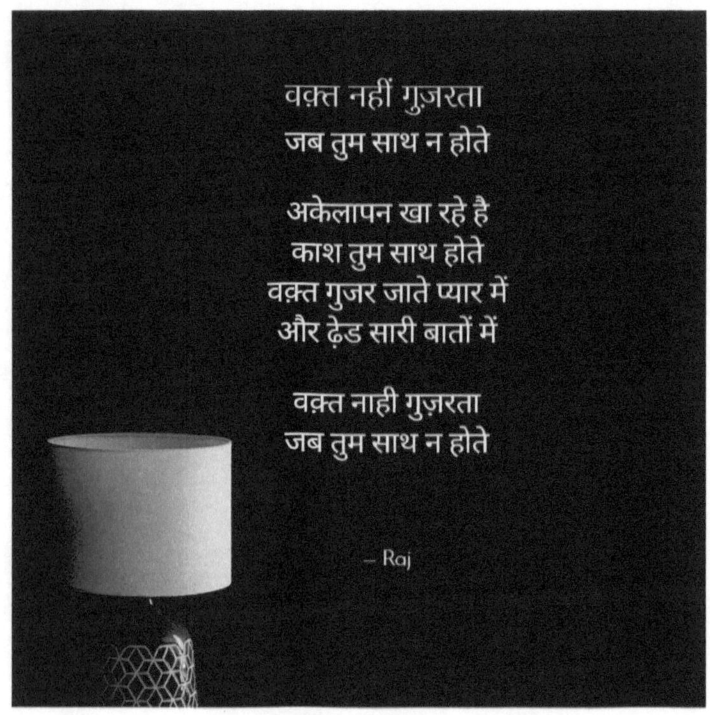

वक़्त नहीं गुज़रता
जब तुम साथ न होते

अकेलापन खा रहे है
काश तुम साथ होते
वक़्त गुजर जाते प्यार में
और ढ़ेड सारी बातों में

वक़्त नाही गुज़रता
जब तुम साथ न होते

— Raj

Enter Caption

27. तुम पर यकीन

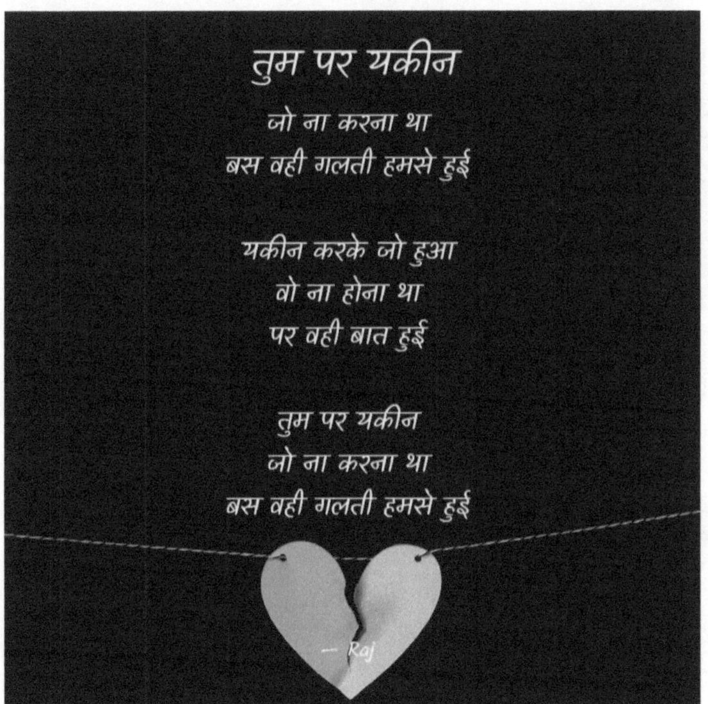

तुम पर यकीन

जो ना करना था
बस वही गलती हमसे हुई

यकीन करके जो हुआ
वो ना होना था
पर वही बात हुई

तुम पर यकीन
जो ना करना था
बस वही गलती हमसे हुई

— Raj

Enter Caption

28. खुद को बनाते बनाते

खुद को बनाते बनाते
जवान से बूढ़ा हो गए
ये मेरा कसूर नाही
किसका कसूर था

काश मैं जिया होता
मौज मस्ती किया होता
तो ये नौबत नाही आता
तो ये गम ना सताता

तकदीर भी साथ न दिए
हर पल को तरसाये
खुशियाँ तो दूर रहा
काश हमें जीने देते

खुद को बनाते बनाते
जवान से बूढ़ा हो गए
ये मेरा कसूर नाही
किसका कसूर था

– Raj

Enter Caption

29. बेकार नहीं होता

बेकार नहीं होता
वो मेहनत जो हमने की है
जिसका फल न मिला हो
वो मेहनत बेकार नहीं होता

आज ना सही
कल ही सही
फल की प्राप्ती अवश्य होगा
वो मेहनत बेकार नहीं होता

कर्म पर भरोसा रख
कर्म किये जा
कर्म के आगे कुछ ना होगा
वो मेहनत बेकार नहीं होता

— Raj

Enter Caption

30. हर इंतज़ार के पीछे

हर इंतज़ार के पीछे
एक मकसद होता है

मकसद पूरा होने तक
इंतजार करना पड़ता है

इंतजार गर खत्म ना होती
तब भी करता चला जाता है

कहते हैं लोग हमेशा
इंतजार का फल मीठा होता है

हर इंतजार के पीछे
एक मकसद होता है

— Raj

Enter Caption

31. हर मुस्कुराते चेहरे

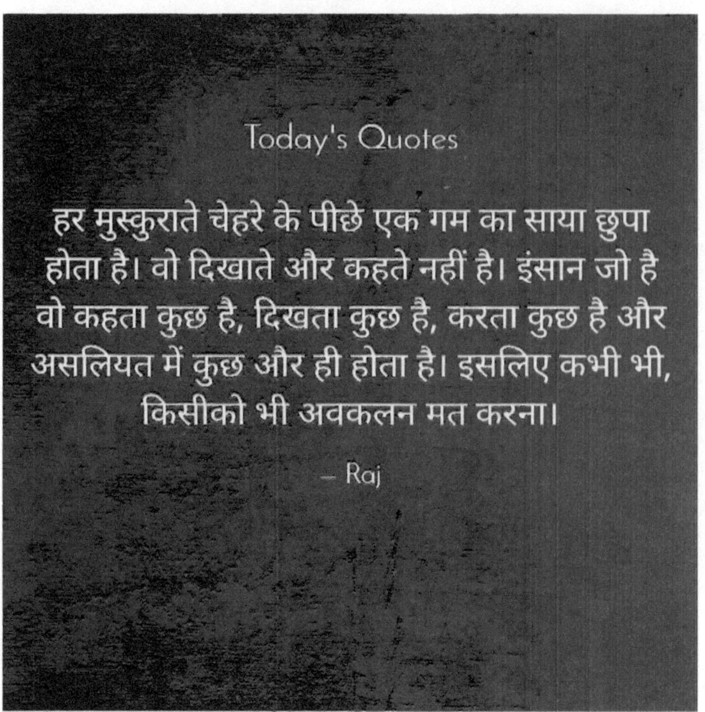

Today's Quotes

हर मुस्कुराते चेहरे के पीछे एक गम का साया छुपा होता है। वो दिखाते और कहते नहीं है। इंसान जो है वो कहता कुछ है, दिखता कुछ है, करता कुछ है और असलियत में कुछ और ही होता है। इसलिए कभी भी, किसीको भी अवकलन मत करना।

— Raj

Enter Caption

32. आँखें दिल का दर्पण

आँखें दिल का दर्पन है। भले इंसान कितना भी झूठ बोले, कितना भी छुपाये। आँखें सच बयान करता है।

"Mirror never tell lies"

– Raj

Enter Caption

33. तेरा इंतज़ार

तेरा इंतजार
मुझे आज भी है

मुझे छोड़ गए
सालों गुजर गए
राह ताकता हूं मैं
एक झलक के लिए

तेरा इंतज़ार
मुझे आज भी है

– Raj

Enter Caption

34. दुनिया में अक्सर लोग

दुनिया में अक्सर लोग भागते रहते है।
कभी यहाँ तो कभी वहाँ।
पर अंत में क्या पाया?
जब इंसान जीवन की इसाब किताब करने लगता है तो
पता चलता है की, तम्माम भाग दौड़ के बावजूद भी वो
वही खड़े है, जहाँ से उसने सुरुवात की।
फिर ये भाग दौड़ कैसा?
ना कोई समझ पाया और ना ही कोई समझेगा।
– Raj

Enter Caption

35. हर एक मुसाफ़िर

हर एक मुसाफ़िर
चलते जाता है
मंज़िल मिलने तक
बस चलते जाता है
किसीको पता होता है
किसीको पता नाही होता
फिर भी चलता चला जाता है
हर एक मुसाफ़िर
चलते जाता है
— Raj
Rest Zone

Enter Caption

36. एक दूजे से दूर

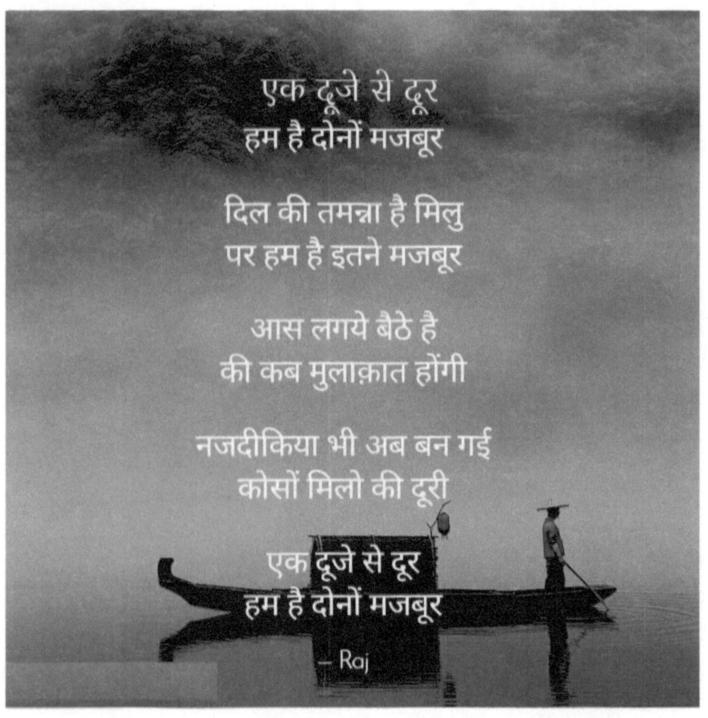

एक दूजे से दूर
हम है दोनों मजबूर

दिल की तमन्ना है मिलु
पर हम है इतने मजबूर

आस लगये बैठे है
की कब मुलाक़ात होंगी

नजदीकिया भी अब बन गई
कोसों मिलो की दूरी

एक दूजे से दूर
हम है दोनों मजबूर
– Raj

Enter Caption

37. तूफान बनकर

तूफान बनकर
तुम आयी सैलाब बनकर चली गयी

साथ बहा ले गयी मेरी ज़िन्दगी की खुशी
ख्यालों में डूबा रेहता हूं अब ना चैन रहा ना सांस

हरपल तेरी याद सताए चाहकर भी भूला ना पाऊ
तुम जो किये सो किये अब ना करना किसी से

तुफान बनकर तुम आयी
सैलाब बनकर चली गयी

— Raj

Enter Caption

38. पल दो पल के लिए

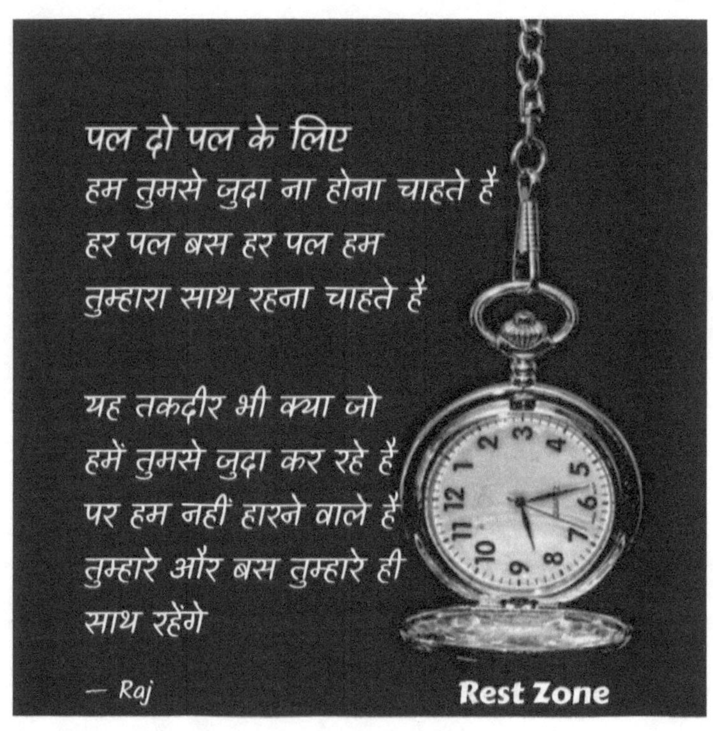

पल दो पल के लिए
हम तुमसे जुदा ना होना चाहते है
हर पल बस हर पल हम
तुम्हारा साथ रहना चाहते है

यह तकदीर भी क्या जो
हमें तुमसे जुदा कर रहे है
पर हम नहीं हारने वाले है
तुम्हारे और बस तुम्हारे ही
साथ रहेंगे

— Raj

Rest Zone

Enter Caption

39. नई राहें बनाएँगे

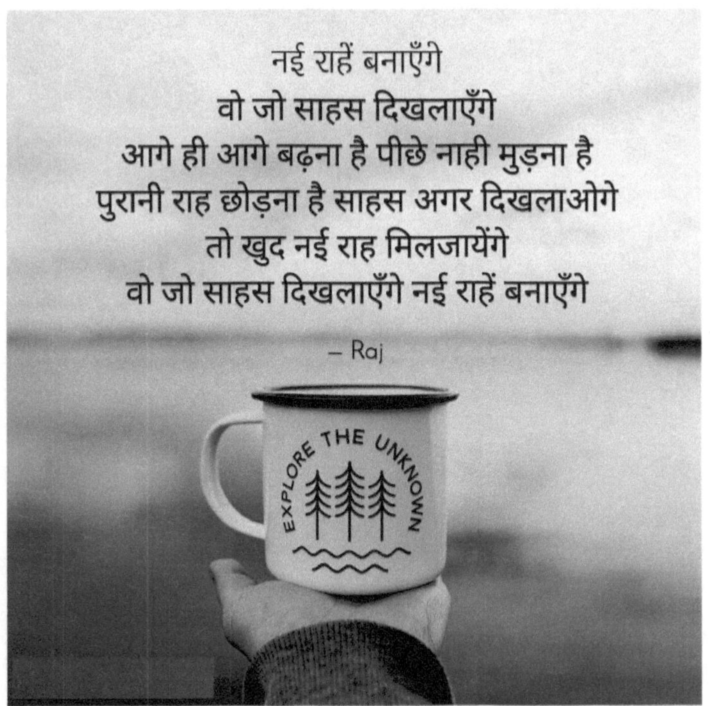

नई राहें बनाएँगे
वो जो साहस दिखलाएँगे
आगे ही आगे बढ़ना है पीछे नाही मुड़ना है
पुरानी राह छोड़ना है साहस अगर दिखलाओगे
तो खुद नई राह मिलजायेंगे
वो जो साहस दिखलाएँगे नई राहें बनाएँगे
— Raj
EXPLORE THE UNKNOWN

Enter Caption

40. ख़ामोशी मे जो मजा

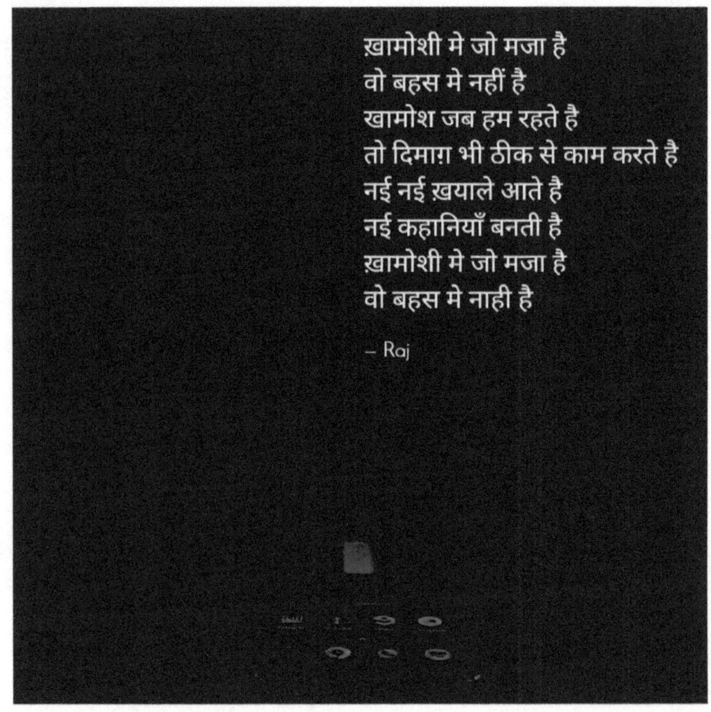

ख़ामोशी मे जो मजा है
वो बहस मे नहीं है
खामोश जब हम रहते है
तो दिमाग़ भी ठीक से काम करते है
नई नई ख़याले आते है
नई कहानियाँ बनती है
ख़ामोशी मे जो मजा है
वो बहस मे नाही है

– Raj

Enter Caption

41. तेरे साथ रहना

तेरे साथ रहना
अच्छा लगता है
जीवन का हर पल गुजारना
अच्छा लगता है

आखिर कब तक
अखेला रहू मैं
साथ तुम्हारा हमें
अच्छा लगता है

तेरे साथ रहना
अच्छा लगता है
जीवन का हर पल गुजारना
अच्छा लगता है

— Raj

Enter Caption

42. पानी सिर से गुज़र गया

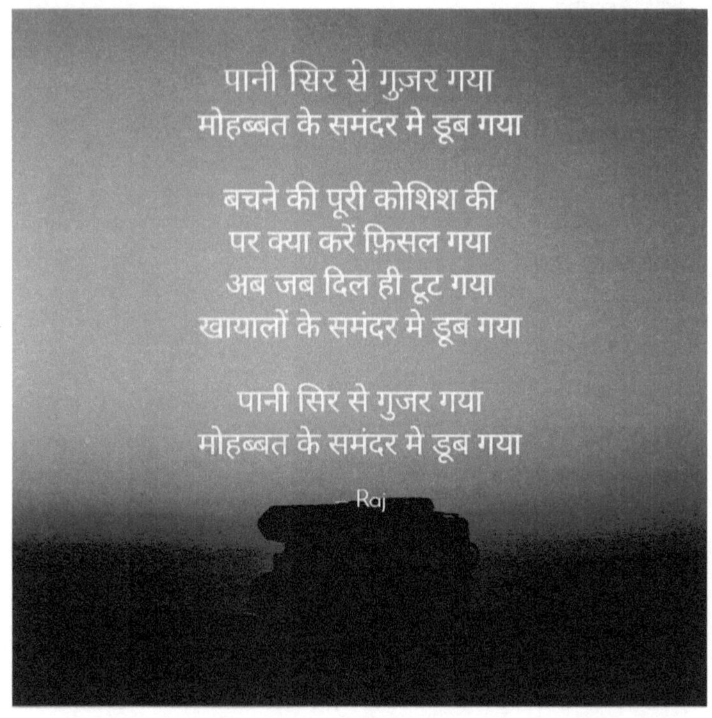

पानी सिर से गुजर गया
मोहब्बत के समंदर मे डूब गया

बचने की पूरी कोशिश की
पर क्या करें फ़िसल गया
अब जब दिल ही टूट गया
खायालों के समंदर मे डूब गया

पानी सिर से गुजर गया
मोहब्बत के समंदर मे डूब गया

- Raj

Enter Caption

43. कम हो या ज़्यादा

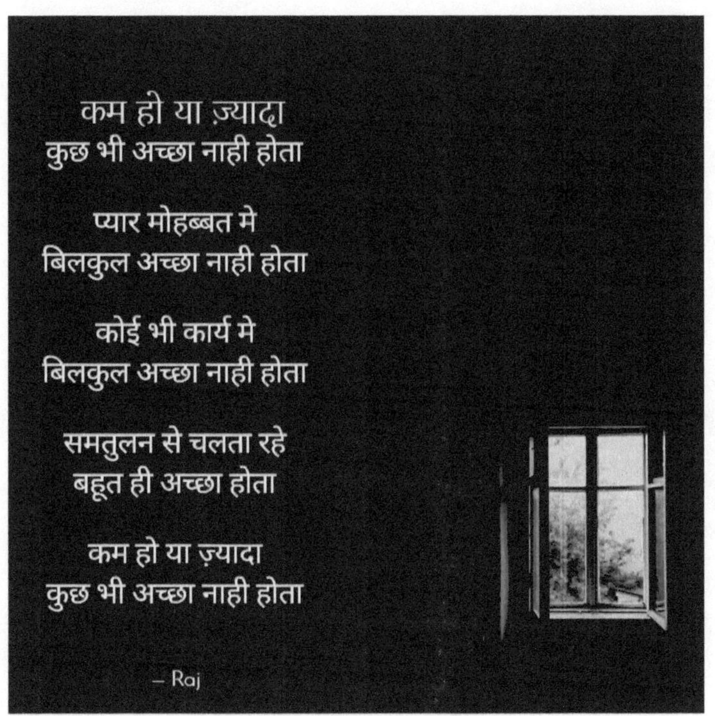

कम हो या ज़्यादा
कुछ भी अच्छा नाही होता

प्यार मोहब्बत मे
बिलकुल अच्छा नाही होता

कोई भी कार्य मे
बिलकुल अच्छा नाही होता

समतुलन से चलता रहे
बहूत ही अच्छा होता

कम हो या ज़्यादा
कुछ भी अच्छा नाही होता

– Raj

Enter Caption

44. ऐ तकदीर

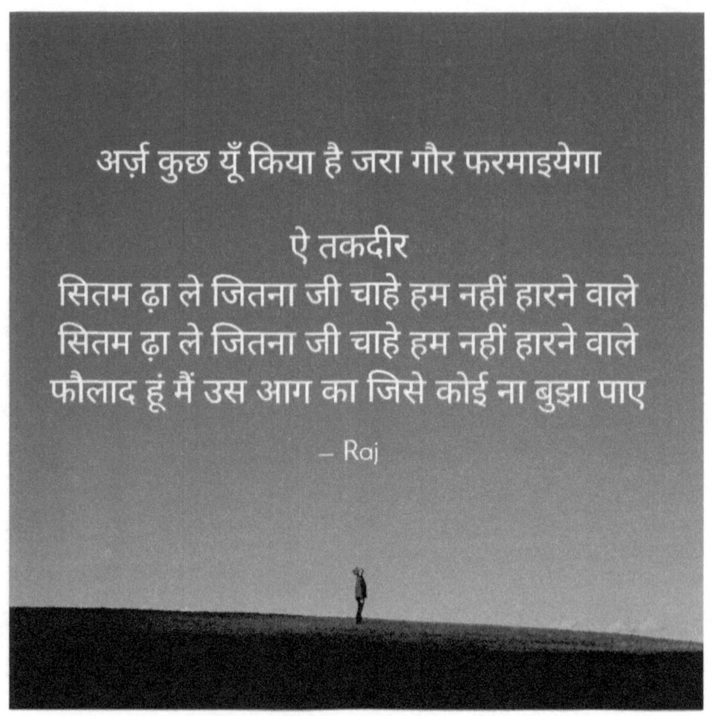

अर्ज़ कुछ यूँ किया है जरा गौर फरमाइयेगा

ऐ तकदीर
सितम ढ़ा ले जितना जी चाहे हम नहीं हारने वाले
सितम ढ़ा ले जितना जी चाहे हम नहीं हारने वाले
फौलाद हूं मैं उस आग का जिसे कोई ना बुझा पाए

— Raj

Enter Caption

45. शमशान की राख़

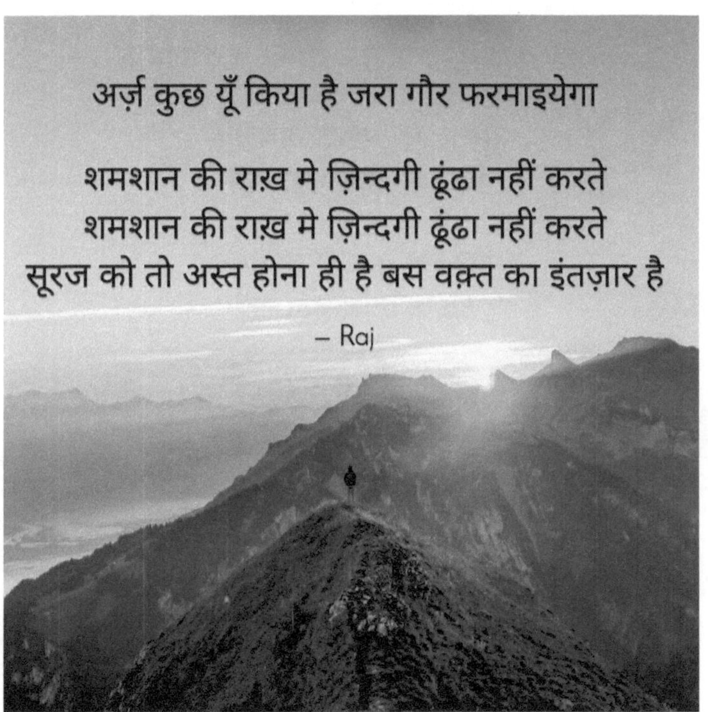

अर्ज़ कुछ यूँ किया है जरा गौर फरमाइयेगा

शमशान की राख़ मे ज़िन्दगी ढूंढा नहीं करते
शमशान की राख़ मे ज़िन्दगी ढूंढा नहीं करते
सूरज को तो अस्त होना ही है बस वक़्त का इंतज़ार है

– Raj

Enter Caption

46. सूरत-ए-शक्ल

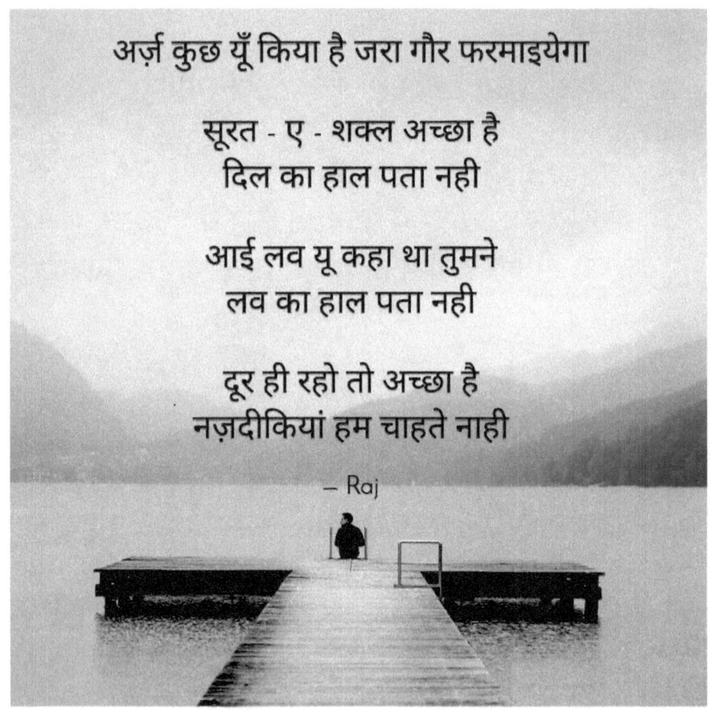

अर्ज़ कुछ यूँ किया है जरा गौर फरमाइयेगा

सूरत - ए - शक्ल अच्छा है
दिल का हाल पता नही

आई लव यू कहा था तुमने
लव का हाल पता नही

दूर ही रहो तो अच्छा है
नज़दीकियां हम चाहते नाही

– Raj

Enter Caption

47. हमें सिर्फ देने की

• 47

अर्ज़ कुछ यूँ किया है जरा गौर फरमाइयेगा

हमें सिर्फ देने की आदत है लेने की नहीं
हमें सिर्फ देने की आदत है लेने की नहीं
पर क्या करें लेना तो हमने कभी सीखा ही नहीं

– Raj

Enter Caption

48. हम इंतज़ार कर रहे

अर्ज़ कुछ यूँ किया है जरा गौर फरमाइयेगा

हम इंतज़ार कर रहे हैं तुम्हारे कुछ इस तरह से
हम इंतज़ार कर रहे हैं तुम्हारे कुछ इस तरह से
जैसे ब्लेंडर्स प्राइड करते है सोडा या पेप्सी के

– Raj

Enter Caption

49. टेंशन कभी लेने का नहीं

टेंशन कभी लेने का नहीं वो देने की चीज होती है
टेंशन से स्ट्रेस बढ़ता है और स्ट्रेस से डायबिटीज
So the finding is, the root cause of all the problems is Tension. So never take tension, give tension.

– Raj

Enter Caption

50. ना मैं शायर हूँ

अर्ज़ कुछ यूँ किया हैं जरा गौर फरमाइयेगा

ना मैं शायर हूं और ना ही मैं कवि
ना मैं शायर हूं और ना ही मैं कवि
मैं तो बस वो इंसान हूं जो इंसान से मोहब्बत करता हूं
मोहब्बत भी ऐसे जो दिलों जान से करता हूं
कोई मेरा दिल तोड़े या फिर ना तोड़े
मोहब्बत और बस मोहब्बत करता हूं

– Raj

Enter Caption

51. बेरुखी सी इस दुनिया

अर्ज़ कुछ यूँ किया है जरा गौर फरमाइयेगा

बेरुखी सी इस दुनिया में अल्फासों की कमी नहीं
बेरुखी सी इस दुनिया में अल्फासों की कमी नहीं
अल्फासे अगर तोल कर कहे तो इंसानियत की कमी
नहीं

– Raj

Enter Caption

52. कर के तो देखो

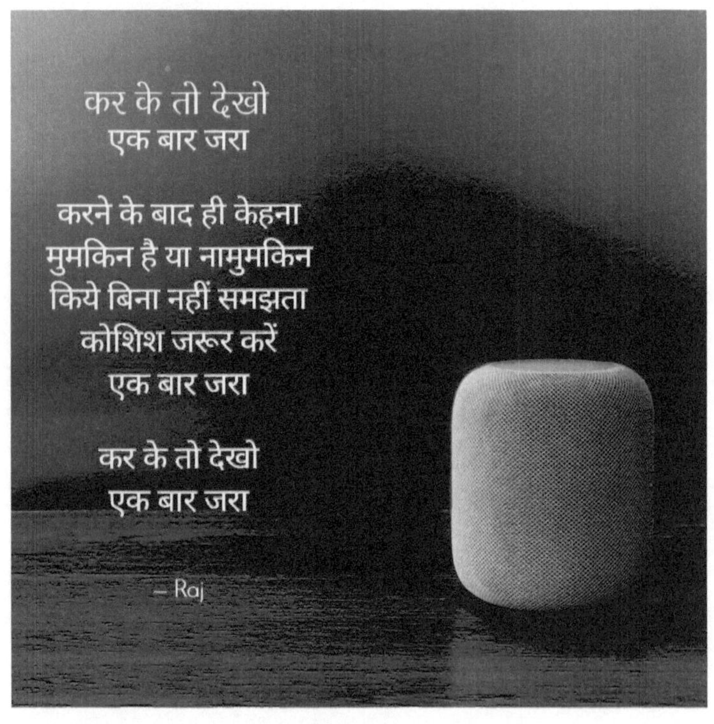

कर के तो देखो
एक बार जरा

करने के बाद ही केहना
मुमकिन है या नामुमकिन
किये बिना नहीं समझता
कोशिश जरूर करें
एक बार जरा

कर के तो देखो
एक बार जरा

– Raj

Enter Caption

53. बेईमानी की इस दुनिया

अर्ज़ कुछ यूँ किया हैं जरा गौर फरमाइयेगा

बेईमानी की इस दुनिया में ईमानदारों की कमी है
बेईमानी की इस दुनिया में ईमानदारों की कमी है
लाख ढूंढो तो एक बड़ी मुश्किल से मिलतें हैं

– Raj

Enter Caption

54. जो रास्ता मैंने चुना

जो रास्ता मैंने चुना
उसकी मंज़िल तुम थे

पर तुमने ना जाना इसे
और मुझ को छोड़ चले
दर्द तो बहूत हुई इस दिल मे
अब तुम्हे क्या बताऊ
क्या गुजर रहा है मुझपे

जो रास्ता मैंने चुना
उसकी मंज़िल तुम थे

— Raj

Enter Caption

55. हो सकता है

• 55 •

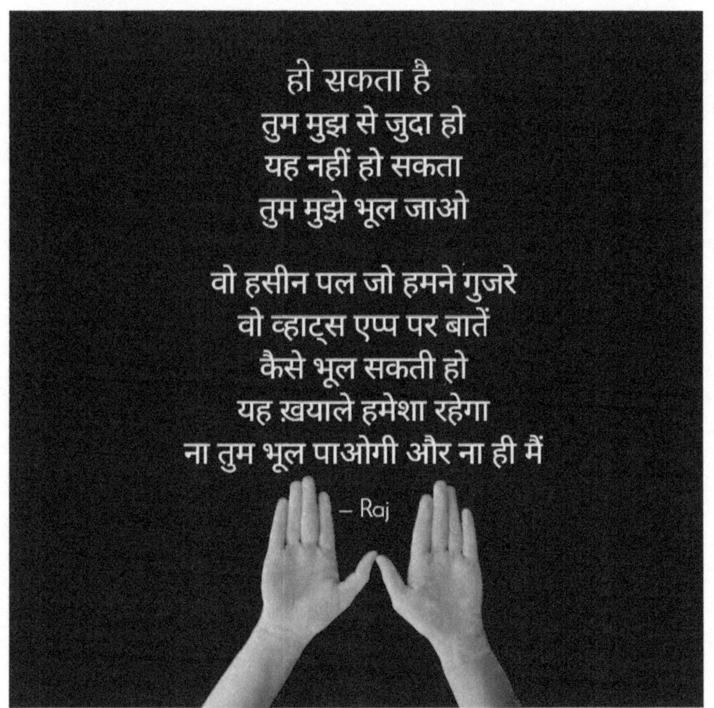

हो सकता है
तुम मुझ से जुदा हो
यह नहीं हो सकता
तुम मुझे भूल जाओ

वो हसीन पल जो हमने गुजरे
वो व्हाट्स एप्प पर बातें
कैसे भूल सकती हो
यह ख़याले हमेशा रहेगा
ना तुम भूल पाओगी और ना ही मैं
– Raj

Enter Caption

56. तन्हाई ही तन्हाई

तन्हाई ही तन्हाई हैं एकांत कक्ष में
जी करता हैं भागकर खो जाऊ उस भीड़ में
फिर सोचता हूं भीड़ में क्या पाया बीमारी के सिवा
तन्हाई ही सुरक्षित हैं भीड़ से ज्यादा
चौदह साल नहीं चौदह दिन की तो बात हैं
काट जायेगा सफर नया सीख और घ्यान से
दूरी बनाया रखना हैं जब तक ये बीमारी ख़त्म ना हो
जाये जड़ से
घर में और घर पर ही रहना हैं संभाल के

— Raj

Enter Caption

57. एक पल के लिए

57

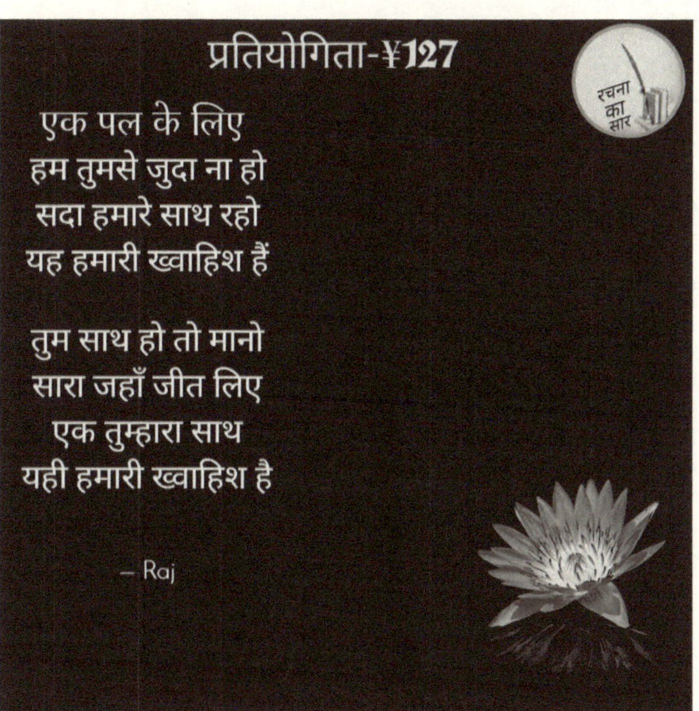

प्रतियोगिता-¥127
एक पल के लिए
हम तुमसे जुदा ना हो
सदा हमारे साथ रहो
यह हमारी ख्वाहिश हैं

तुम साथ हो तो मानो
सारा जहाँ जीत लिए
एक तुम्हारा साथ
यही हमारी ख्वाहिश है

– Raj

Enter Caption

58. घर की तन्हाई

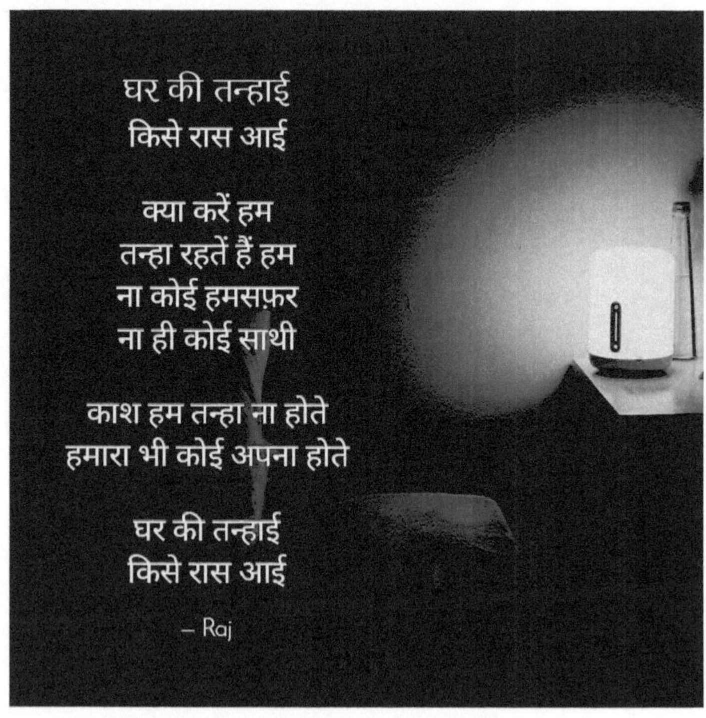

घर की तन्हाई
किसे रास आई

क्या करें हम
तन्हा रहतें हैं हम
ना कोई हमसफ़र
ना ही कोई साथी

काश हम तन्हा ना होते
हमारा भी कोई अपना होते

घर की तन्हाई
किसे रास आई

– Raj

Enter Caption

59. जो नहीं मिला

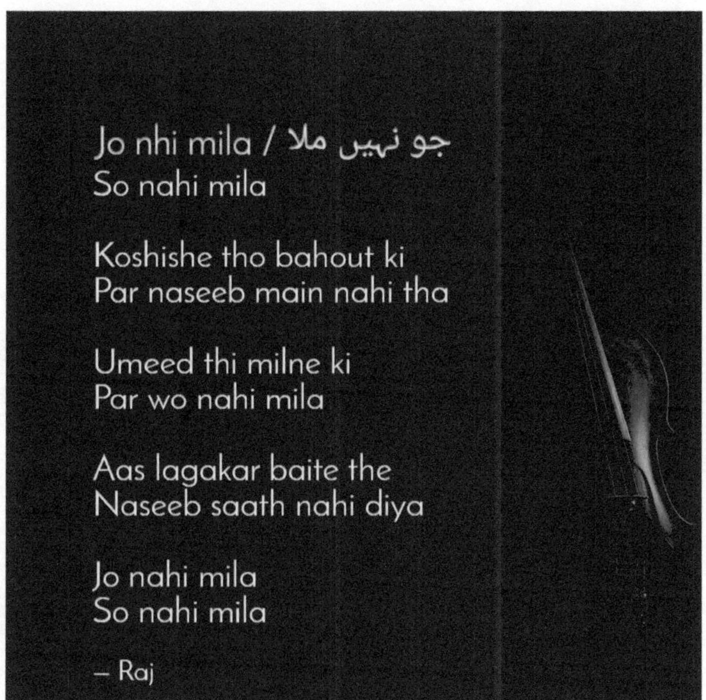

Jo nhi mila / جو نہیں ملا
So nahi mila

Koshishe tho bahout ki
Par naseeb main nahi tha

Umeed thi milne ki
Par wo nahi mila

Aas lagakar baite the
Naseeb saath nahi diya

Jo nahi mila
So nahi mila

– Raj

Enter Caption

60. कहीं तो होगी

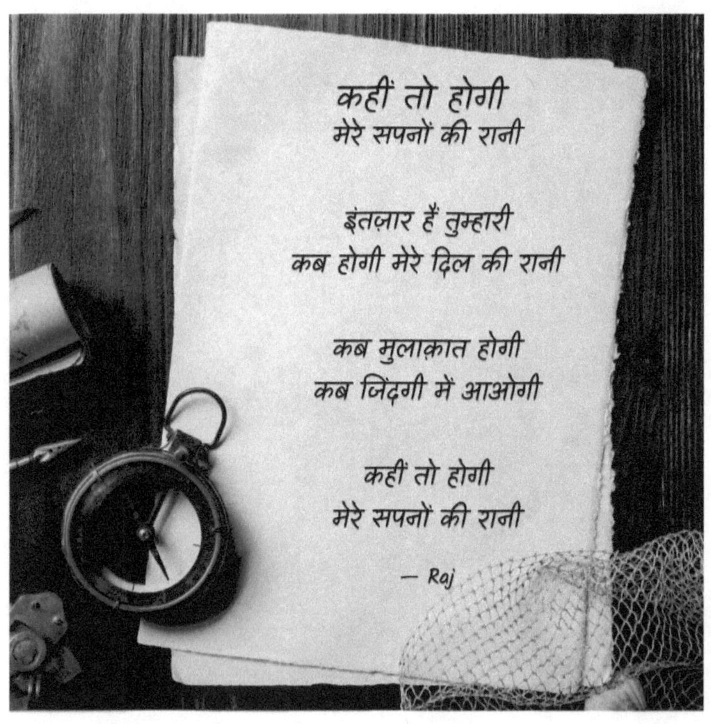

कहीं तो होगी
मेरे सपनों की रानी

इंतज़ार हैं तुम्हारी
कब होगी मेरे दिल की रानी

कब मुलाक़ात होगी
कब जिंदगी में आओगी

कहीं तो होगी
मेरे सपनों की रानी

— Raj

Enter Caption

अस्वीकरण

सभी रचनाएँ कल्पना पर आधारित हैं। इसका लेखक के जीवन या ब्रह्मांड में किसी से कोई लेना-देना नहीं है। सभी लेख काल्पनिक हैं और किसी जीवित या मृत व्यक्ति से कोई समानता नहीं है। यदि कोई समानता है तो यह मात्र संयोग है।

लेखक की जीवनी

लेखक एक मध्यमवर्गीय परिवार से ताल्लुक रखता है। बचपन से ही झटपट शायरी बनाते थे, कहते और भूल जाते थे। उनके एक करीबी दोस्त ने एक बार इस पर ध्यान दिया और उन्हें जो भी शायरी या कविताएँ लिखीं, उन्हें लिखने के लिए मजबूर किया और तब से उन्होंने लिखना शुरू कर दिया। उन्होंने अपनी शायरी और कविताओं को अपने और अपने करीबी दोस्तों तक ही रखा, जब तक कि उन्हें अपनी रचनाओं को ऑनलाइन लिखने के लिए एक मंच नहीं मिला। वह Your Quote साइट पर एक सक्रिय लेखक हैं और उन्हें प्रतियोगिता के लिए कई प्रशंसापत्र और प्रमाणन प्राप्त हुए हैं। वह एक बहुभाषाविद लेखक हैं और उनका लेखन विस्मयकारी है। चाहे वह अंग्रेजी, हिंदी, उर्दू, मलयालम और मराठी हो, वह सभी भाषाओं में उत्कृष्ट है। वह कई दिलचस्प लेखकों के लिए एक महान प्रेरणा भी हैं। वह मुंबई विश्वविद्यालय से स्नातक हैं। वह एक एकाउंटेंट है और एक स्व-शिक्षित कंप्यूटर इंजीनियर भी है। उनका कौशल शीर्ष पायदान पर है और उनके पास कई प्रमाणपत्र हैं। उनके जुनून अभिनय, लेखन, पेंटिंग और नृत्य और संगीत आदि... आदि... हैं।

Mail: shreeraj_m@yahoo.co.uk

www.ingramcontent.com/pod-product-compliance
Lightning Source LLC
Chambersburg PA
CBHW020648160726

47991CB00003B/1074